11 Décembre

ESTAMPES ANCIENNES

APPARTENANT A M. G.

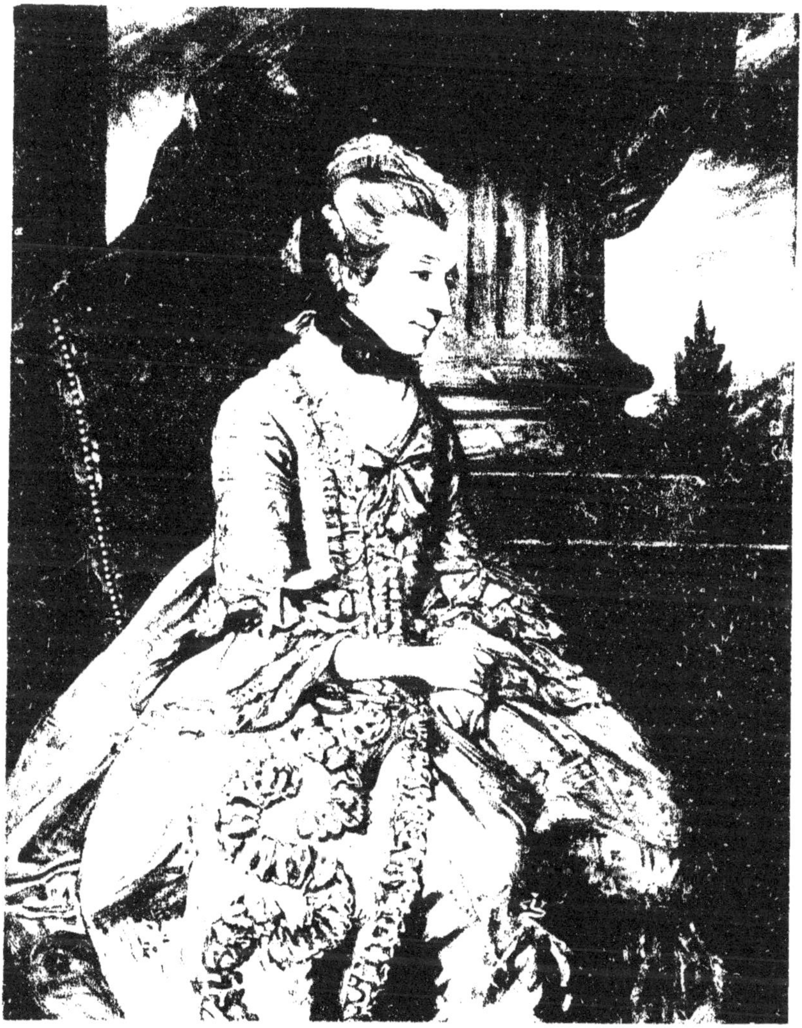

Vente du 11 Décembre 1905

COMMISSAIRE-PRISEUR

M. F. LAIR-DUBREUIL

EXPERTS

MM. P. ROBLIN, M. PAULME, B. LASQUIN fils

ATELIERS
FORTIER & MAROTTE
35, RUE DE JUSSIEU, 35
PARIS

ESTAMPES ANCIENNES

DU XVIIIe SIÈCLE

IMPRIMÉES EN NOIR ET EN COULEURS

APPARTENANT A M. G***

CATALOGUE

DES

ESTAMPES

ANCIENNES DU XVIIIe SIÈCLE

DES ÉCOLES FRANÇAISE ET ANGLAISE

Imprimées en noir et en couleurs

PAR OU D'APRÈS :

ALIX, BARTOLOZZI, BAUDOUIN, BIGG, BOILLY, BONNET, BOSIO, BOYNE, CHARDIN, COSWAY, COUSINS, DAVESNE, DEBUCOURT, DEMARTEAU, FRAGONARD, FREUDENBERG, GREUZE, HARRIET, HOPPNER, JANINET, LAVREINCE, LAWRENCE, LEVACHEZ, MALGO, MALLET, MARIN, MOREAU LE JEUNE, MORLAND, MULLER, NORTHCOTE, PAYE, PETERS, POLLARD, REYNOLDS, RISING, ROMNEY, SAINT-AUBIN, SCHALL, SERGENT, SMITH, TAUNAY, TURNER, VERNET, WARD, WESTALL, ETC.

Appartenant à M. G...

DONT LA VENTE, AUX ENCHÈRES PUBLIQUES, AURA LIEU

HOTEL DROUOT, SALLE N° 6

LE LUNDI 11 DÉCEMBRE 1905

à 2 heures 1/4

COMMISSAIRE-PRISEUR

Me LAIR-DUBREUIL, 6, rue de Hanovre

EXPERTS

MM. P. ROBLIN, M. PAULME & B. LASQUIN FILS

65, rue Saint-Lazare | 10, rue Chauchat — 12, rue Laffitte

EXPOSITION PARTICULIÈRE

Le Samedi 9 Décembre 1905, de 1 h. 1/2 à 6 heures

EXPOSITION PUBLIQUE

Le Dimanche 10 Décembre 1905, de 1 h. 1/2 à 5 h. 1/2

CONDITIONS DE LA VENTE

Elle sera faite au comptant.

Les adjudicataires paieront *dix pour cent* en sus des enchères.

Les expositions particulière et publique mettant le public à même de se rendre compte de l'état et de la nature des pièces, aucune réclamation ne sera admise, une fois l'adjudication prononcée.

Les experts se réservent la faculté de diviser ou de rassembler les lots, et rempliront, aux conditions d'usage, les commissions que voudraient leur confier les amateurs.

N. B. — *Presque toutes les estampes sont encadrées.*

L'ordre numérique sera suivi.

Paris. — Imp. de l'Art, E. Moreau et Cie, 41, rue de la Victoire.

DÉSIGNATION

ALIX (P.-M.)

1 — *Berthier* (Le Général), d'après Le Gros (an VI, 1798). In-fol.

Très belle épreuve imprimée en couleurs. Petites marges.

ALIX (P.-M.)

2 — L'Accordée de village, d'après J.-B. Greuze.

Superbe et brillante épreuve imprimée en couleurs. Marges.

BARTOLOZZI (François)

3 — *Bingham* (The Honourable Miss). In-4°, d'après sir Joshua Reynolds.

Très belle épreuve imprimée en bistre, légèrement rehaussée de couleurs. Marges.

BARTOLOZZI (François)

4 — *Farren* (Miss), depuis comtesse de Derby, d'après sir Thomas Lawrence. In-fol. en pied.

Superbe épreuve du 1er état, imprimée en bistre, de cette pièce rare et recherchée.

BARTOLOZZI (François)

5 — *Marie Christine*. Archiduchesse d'Autriche, sœur de Marie-Antoinette, d'après Roslin 1782 III-101.

Superbe épreuve imprimée en couleurs, en très bel état de conservation. Marges. Rare.

BAUDOUIN (D'après P.-A.)

6 — Le Carquois épuisé, gravé par N. de Launay (E. B., 11).

Très belle épreuve. Grandes marges.

BAUDOUIN (D'après P.-A.)

7 — Le Couché de la mariée, gravé à l'eau-forte par J.-M. Moreau et terminé au burin par Simonet (16).

Très belle épreuve, très fraîche, avec marges.

BAUDOUIN (D'après P.-A.)

8 — Marton, par N. Ponce (31).

Très belle épreuve. Grandes marges.

BAUDOUIN (D'après P.-A.)

9 — Le Modèle honnête, gravé à l'eau-forte par J.-M. Moreau et terminé au burin par J.-B. Simonet (34).

Très belle épreuve. Petites marges.

BAUDOUIN (D'après P.-A.)

10 — *Sa taille est ravissante*, par Le Beau (43).

Très belle épreuve. Grandes marges.

BAUDOUIN (D'après P. A.)

11 — Les Soins tardifs, par N. De Launay (45).

Très belle épreuve. Petites marges.

BAUDOUIN (D'après P.-A.)

12 — La Soirée des Tuileries, par Simonet (47).

Belle épreuve avant toutes lettres. Petites marges.

BIGG (D'après W.)

13 — Morning after the storm. In-fol. en largeur, par W. Ward.

Superbe épreuve imprimée en couleurs. Marges.

BOILLY (D'après Louis)

14 — Ça ira, par Mathias.

Très belle épreuve avant toutes lettres. Marges.

BOILLY (D'après Louis)

15 — La Serinette, par Honoré.

Très belle épreuve en couleurs, avec très grandes marges.

BONNET (L.-M.)

16 — The Aimable Society.

— The Aimable Family.

Deux pièces faisant pendants, gravées en couleurs, d'après Hambert! Elles représentent la reine Marie-Antoinette et le roi Louis XVI, accompagnés de leurs enfants, Marie-Élisabeth et la duchesse de Polignac assistant à une représentation de l'Opéra.

Superbes épreuves. Grandes marges.

BOSIO (D'après D.)

17 — Bal de l'Opéra.

Très belle épreuve en couleurs. Marges.

BOSIO (D'après D.)

18 — La Bouillotte.

Très belle épreuve en couleurs. Marges.

BOYNE (D'après R.)

19 — Comic Readings.

— Tragic Readings.

Deux pièces fort intéressantes pour les costumes faisant pendants, gravées par C. Knight.

Très belles épreuves imprimées en couleurs. Marges.

CAZENAVE

20 — A l'Amour il faut se rendre.
— Le Nid d'Amour.

Deux belles estampes faisant pendants, gravées par M. et Mme Cazenave.
Brillantes épreuves imprimées en couleurs. Grandes marges.

CHARDIN (D'après J.-B.-S.)

21 — La Serinette, par L. Cars (E. B., 47).
Très belle épreuve. Avec marges.

COIFFURES (Pièces sur les)

22 — Coeffure aux charmes de la liberté.
— Coeffure a la nation.
— Coeffure sans redoute.
— Coeffure a l'espoir.

Quatre pièces, médaillons en couleurs, *à Paris, chez Depair*, réunies dans le même cadre.
Très belles épreuves.

COSWAY (D'après M.)

23 — *Cosway* (Maria), d'après elle-même. In-4°.
Très belle épreuve imprimée en couleurs. Marges.

COSWAY (D'après M.)

24 — *Le Brun* (Madame), de l'Académie royale de peinture. In-4°.
Très belle épreuve imprimée en couleurs. Marges.

COUSINS (Samuel)

25 — The Happy mother (Lady Dover and Son), d'après sir Thomas Lawrence. In-fol., à la manière noire.

Superbe épreuve. Marges.

COUSINS (Samuel)

26 — *Hope* (Master), d'après sir Thomas Lawrence, 1836. In-4°, à la manière noire.

Très belle épreuve à toutes marges. Rare.

COUSINS (Samuel)

27 — *Lambton* (Master), d'après sir Thomas Lawrence, 1827. In-fol., à la manière noire.

Portrait du dernier fils de John George Lambton (Earl of Durham en 1833). En pied, de face, assis sur un rocher, la tête appuyée sur le bras gauche, en costume de velours.

Superbe épreuve avant toutes lettres. Grandes marges. Très rare.

COUSINS (Samuel)

28 — *Lambton* (Master). Son of John Lambton, Earl of Durham, 1833.

— *Peel* (Miss). Daughter of the Right hon[ble] sir Robert Peel. Bart.

Deux beaux portraits in-fol., gravés à la manière noire, d'après sir Thomas Lawrence.

Très belles épreuves. Marges.

COUSINS (Samuel)

29 — *Lyndhurst* (Lady), d'après sir Thomas Lawrence, 1836. In-4°, à la manière noire.

Superbe épreuve du 1er tirage (*Proof.*) à toutes marges. Rare.

COUSINS (Samuel)

30 — Nature (The Calmady Children), d'après sir Thomas Lawrence. In-4°, à la manière noire.

Superbe épreuve à toutes marges de cette charmante pièce rare et recherchée.

DAVESNE (D'après)

31 — Les Cerises.

— Les Prunes.

Deux gracieuses estampes ovales faisant pendants, gravées par Vidal.

Superbes et très fraîches épreuves imprimées en couleurs. Grandes marges. Rares de cette qualité.

DAWE (D'après G.)

32 — *O' Neill* (Miss). In the character of Juliet. In-fol. à la manière noire, par G. Mail.

Très belle épreuve. Petites marges.

DEBUCOURT (P. L.)

33 — Le Menuet de la mariée.

— La Noce au chateau.

Deux estampes faisant pendants (M. F. 8. 21).

Très belles épreuves imprimées en couleurs, malheureusement sans marges, mais remontées sur de fausses marges, avec la lettre gravée. Rares.

DEBUCOURT (P.-L.)

34 — Le Menuet de la mariée, 1786 (M. F. 8).

L'une des plus jolies estampes dans l'œuvre du maître.

Superbe épreuve imprimée en couleurs. Marges. (Il manque les deux lignes de l'adresse, au bas de la légende.)

DEBUCOURT (P. L.)

35 — Promenade du jardin du Palais-Royal (11 *bis*).

Superbe et rare épreuve de la réduction, imprimée en couleurs. Marges.

DEBUCOURT (P. L.)

36 — Le Compliment ou la Matinée du jour de l'an (15).

— Les Bouquets ou la Fête de la grand'maman (16).

Deux pièces ovales in-fol. en hauteur, au milieu d'un cadre imitant le marbre bleu veiné, faisant pendants.

Très belles épreuves imprimées en couleurs. Marges. La 1re a les mots *du roi* grattés.

La 2e est du second état, avant la lettre, signé et daté à la pointe, au-dessous du trait carré à gauche, *P.-L. De Bucourt, fecit 1788*, avec le titre, mais avant l'adresse. Très rare. (Légères restaurations.)

DEBUCOURT (P.-L.)

37 — La Promenade publique, 1792 (33).

Pièce capitale de l'œuvre du maître.

Très belle épreuve imprimée en couleurs. Marges.

Les deux coins de la marge, au bas de l'estampe, sont remargés.

DEBUCOURT (P.-L.)

38 — L'Enfant soldat ou les Amusements de la famille (24).

Très belle épreuve gravée à la manière noire. Sans marges. La légende refaite à la plume.

DEBUCOURT (P.-L.)

39 — La Croisée (28).

Estampe gravée par un procédé mixte, imaginé par Debucourt, alliant le travail de l'eau-forte à celui de la roulette sur un fond d'aquatinte.

Très belle épreuve imprimée en couleurs du 2e état Marges. Rare.

DEBUCOURT (P.-L.)

40 — Jouis tendre mère. In-fol., à la manière noire (58).

Très belle épreuve. Marges.

DEBUCOURT (P.-L.)

41 — Les Courses du matin ou la porte d'un Riche, 1805 (173).

La plus importante composition des estampes de la suite *des Mœurs et Ridicules du jour* comportant trente-sept personnages.

Superbe épreuve imprimée en couleurs. Très grandes marges.

DEBUCOURT (P.-L.)

42 — Frascati (196).

Dans une grande salle décorée dans le style du Premier Empire et éclairée par plusieurs lustres à quinquets, une foule des plus élégantes circule au milieu, pendant que de nombreux consommateurs sont assis devant des tables de café, de chaque côté de la salle.

Superbe épreuve imprimée en couleurs, avec de très grandes marges.

Cadre en bois sculpté, noir et or, de l'époque.

DEBUCOURT (P.-L.)

43 — Les Joueurs de boules, d'après Carle Vernet (413).

Très belle épreuve imprimée en couleurs. Grandes marges.

DEMARTEAU (Gilles)

44 — Têtes de Femme, d'après J.-B. Huet (493-494).

Deux pièces faisant pendants.

Très belles épreuves aux crayons de couleurs.

DEMARTEAU (Gilles)

45 — *Comme il va rire! comme il va être étonné de voir sa Tête et sa Flûte entourées de guirlandes.* (Gessner. *Idylle* 15.)

— *Regarde, ma bien-aimée! Voilà le trou qui m'a fait traverser les flots de la mer, et qui m'a conduit dans tes bras.* (Gessner. *Le Premier Navigateur*. Ch. 2me.)

Deux pièces faisant pendants, d'après Le Barbier l'aîné. (622-623.)

Superbes épreuves imprimées en couleurs, à toutes marges non ébarbées. Très rare en pareille condition.

DRUMMOND (D'après S.)

46 — The Woodman.

Grande estampe gravée par W. Barnard.

Superbe épreuve imprimée en couleurs, remarquable d'impression et de fraîcheur. Marges. Rare.

ÉCOLE FRANÇAISE DU XVIIIe SIÈCLE

47 — Le Mardi gras.

— Le Mercredi des cendres.

Deux charmantes petites pièces faisant pendants, gravées au trait et à l'aquatinte, fort curieuses pour les mœurs et les costumes de la fin du xviiie siècle.

Nous les attribuons à Mixelle ou à Sergent et sont inconnues à ce jour.

Les épreuves imprimées en couleur sont très fraîches, avec le titre au pointillé. Marges. De toute rareté.

FRAGONARD (D'après H.)

48 — La Bonne Mère, par De Launay.

— Le Serment d'amour, par Mathieu.

Deux estampes in-folio faisant pendants.

Superbes épreuves avant la dédicace. Petites marges. Très rare.

FRAGONARD (D'après H.)

49 — La Coquette fixée, gravée à l'eau-forte par J. Couché et terminé par Dambrun.

Superbe épreuve avant la dédicace à toutes marges non ébarbées. Très rare en pareille condition.

FRAGONARD (D'après H.)

50 — Dites donc, s'il vous plait, par N. De Launay.

Superbe épreuve avant la dédicace. Marges.

FRAGONARD (D'après H.)

51 — L'Education fait tout, par N. de Launay.

Superbe épreuve avant la dédicace. Marges. Les noms d'artistes tracés à la pointe. Rare.

FREUDENBERG (D'après S.)

52 — L'Evénement au bal, par Duclos et Ingouf.

Très belle épreuve avec grandes marges.

FREUDENBERG (D'après S.)

53 — Le Petit Jour, par N. De Launay.

Très belle épreuve. Petites marges.

GREUZE (D'après J.-B.)

54 — La Cruche cassée, par J. Massard.

Pièce capitale du maître, d'après son célèbre tableau conservé au Musée du Louvre.

Superbe épreuve avec marges.

HARLOW (D'après G.-H.)

55 — *Stéphens* (Miss). In-fol. au mezzotinto, par W. Say.

Superbe épreuve imprimée en couleurs, d'une tonalité très douce. Grandes marges.

HARRIET (D'après E.-J.)

56 — Le Thé parisien, suprême bon ton au commencement du XIXe siècle, par Adrien Godefroy.

Très belle épreuve en couleurs. Grandes marges.

HOPPNER (D'après L.)

57 — *Braddyll* (Mrs). In-4°, à la manière noire.

Superbe épreuve. Petites marges.

HOPPNER (D'après L.)

58 — *Davies* (Anna), par B. Smith. In-4°.

Très belle épreuve imprimée en couleurs. Marges.

HOPPNER (D'après L.)

59 — *Mulgrave* (The Right Honble Lady). In-4°, à la manière noire, par G. Clint.

Très belle épreuve. Marges.

JANINET (J.-Fr.)

60 — L'Amour rendant hommage a sa mère, d'après Fr. Boucher.

Très belle épreuve imprimée en couleurs. Petites marges.

JANINET (J.-Fr.)

61 — Amour, tu fais des jaloux.

— Vénus désarmant l'Amour.

Deux charmantes pièces, de formes ovales, faisant pendants, d'après Boucher et Charlier.

Très belles épreuves imprimées en couleurs. Sans marges.

JANINET (J.-Fr.)

62 — Le Baiser de l'Amitié.

— Le Baiser de l'Amour.

Deux charmantes compositions faisant pendants, d'après Doublet.

Superbes épreuves, imprimées en couleurs, d'une conservation et d'une tonalité parfaites. Marges.

KAUFFMANN (D'après Angélica)

63 — *Richmond.* (Her Grace, The Dutchess of.) Ovale, in-fol., par G. Wynne-Ryland, 1775.

Superbe épreuve imprimée en couleurs. Très grandes marges.

LALLIE (D'après Ét.)

64 — Le Messager fidèle, par L.-M. Halbou.

Très belle épreuve avant toutes lettres. Marges.

LAVREINCE (D'après N.)

65 — L'Accident imprévu (E. B., 1).

— La Sentinelle en défaut (58).

Deux pièces faisant pendants, gravées par D'Arcis. Superbes épreuves imprimées en couleurs, à toutes marges non ébarbées, de la plus grande fraîcheur. Très rare en pareille condition.

LAVREINCE (D'après N.)

66 — Ah! laisse-moi donc voir (2).

Charmante petite pièce in-4°, un peu libre, gravée par Janinet.

Superbe épreuve imprimée en couleurs. Marges.

LAVREINCE (D'après N.)

67 — L'Assemblée au concert (5).

— L'Assemblée au salon (6).

Deux pièces faisant pendants, gravées par E. Dequevauviller.

Très belles épreuves à toutes marges, non ébarbées. Très rare en pareille condition.

LAVREINCE (D'après N.)

68 — L'Aveu difficile, par Janinet (8).

Superbe épreuve imprimée en couleurs, très fraîche et avec grandes marges.

LAVREINCE (D'après N.)

69 — L'Aveu difficile (8).

Belle estampe in-fol. en hauteur, gravée par F. Janinet.

Très belle épreuve imprimée en couleurs. Grandes marges.

LAVREINCE (D'après N.)

70 — Le Billet doux (10).

— Qu'en dit l'abbé? (51).

Deux estampes in-fol. faisant pendants, gravées par N. de Launay.

Belles épreuves avec de très grandes marges. Celle de qu'en dit l'abbé? est du 4e état, avec la faute. *Graveur du Roi*, au lieu de *Graveur des Rois*.

LAVREINCE (D'après N.)

71 — La Comparaison, par Janinet (12).

Superbe et brillante épreuve imprimée en couleurs, remargée au trait carré, la légende écrite à la plume.

LAVREINCE (D'après N.)

72 — Le Déjeuner anglais, par Vidal (17).

Superbe épreuve en couleurs du 2e état, avec le titre, les noms des artistes, sans aucunes autres lettres. Les points de repère très apparents et avec très grandes marges. Rare.

LAVREINCE (D'après N.)

73 — Ah ! le joli petit chien (27).

— Le Petit Conseil (48).

Deux charmantes pièces faisant pendants, gravées en couleurs par Janinet.

Superbes épreuves. Marges. Cadres anciens.

LAVREINCE (D'après N.)

74 — L'Indiscrétion (30).

Belle estampe in-fol. en hauteur, gravée par F. Janinet.

Très belle épreuve imprimée en couleurs. Grandes marges.

LAVREINCE (D'après N.)

75 — Le Roman dangereux, par Helman (56).

Très belle épreuve à toutes marges, non ébarbées. Rare en pareille condition.

LAVREINCE (D'après N.)

76 — Les Sabots, par J. Couché (57).

Très belle épreuve avant la dédicace. Petites marges.

LAWRENCE (D'après Sir Thomas)

77 — Portraits of lady Bagot, of the viscontess of Burgfersh and lady Fitzroy Somerset. In-fol., par J. Thomson.

Très belle épreuve, les figures légèrement rehaussées de couleurs. Grandes marges. Rare.

LAWRENCE (D'après Sir Thomas)

78 — *Bedfort* (Georgina Dutchess of). In-4°, par Lewis.

Très belle épreuve, légèrement rehaussée de couleurs. Grandes marges.

LAWRENCE (D'après Sir Thomas)

79 — *Derby* (The Right Honourable The counters of).

Très gracieux portrait en pied, gravé par Fr. Bartolozzi.

Très belle épreuve en couleurs, avec marges, de cette pièce rare et recherchée.

LAWRENCE (D'après Sir Thomas)

80 — *Richmont* (The Dutchess of). In-fol., à la manière noire, par G.-R. Ward.

Superbe épreuve avant toutes lettres. Grandes marges.

LE ROY (D'après)

81 — Le Désir.

— La Pensée.

Deux pièces faisant pendants, gravées par Amb. Legrand.

Très belles épreuves imprimées en couleurs. Marges.

LEVACHEZ

82 — *Bonaparte*, premier consul de la République française, d'après Boilly. In-fol.

Splendide épreuve imprimée en couleurs, avec au bas la Revue de Quintidi, d'après Duplessis-Bertaux.

Très grandes marges.

LEVACHEZ

83 — Départ pour la chasse (3).

— La Promenade du matin (4).

Deux pièces faisant pendants, d'après Carle Vernet.

Très belles épreuves imprimées en couleurs. Grandes marges.

MALGO (S.)

84 — *Lamballe* (Marie-Thérèse-Louise de Savoye Carignan, princesse de). In-fol., à la manière noire, d'après Anton. Hickel, 1789.

Très belle épreuve. Grandes marges.

MALLET (D'après)

85 — CHIT ! CHIT !...

— PAR ICI...

Deux petites pièces gracieuses, faisant pendants, gravées par Copia.

Très belles épreuves. Marges.

MARIN (Louis)

86 — THE MILK WOMAN. In-4° ovale.

Très belle épreuve imprimée en couleurs.

Cadre ovale ancien en bois sculpté et doré.

MARIN (Louis)

87 — THE PLEASURES OF EDUCATION.

Très belle épreuve imprimée en couleurs, avec l'encadrement rehaussé d'or. Petites marges.

MARIN (Louis)

88 — THE PRETTY NOESGAY GARLE, d'après J.-B. Greuze.

Très belle épreuve imprimée en couleurs, avec l'encadrement rehaussé d'or. Marges.

MOREAU LE JEUNE (J.-M.)

89 — LE BAL MASQUÉ, fête donnée au Roi et à la Reine par la Ville de Paris (E. B., 200).

Très belle épreuve avant toutes lettres. Petites marges. Rare.

MOREAU LE JEUNE (D'après J.-M.)

90 — La Dame du Palais de la Reine, par Martini, 1777.

Très belle épreuve avec A. P. D. R. A toutes marges non ébarbées. Rare.

MORLAND (D'après G.)

91 — L'Amusement utile.

— La Douce attente.

Deux pièces ovales faisant pendants, par Joubert et Marye.

Très belles épreuves imprimées en couleurs. Grandes marges.

MORLAND (D'après G.)

92 — A Party Angling.

— The Anglers repast.

Deux pièces faisant pendants, gravées à la manière noire, par Ward et Keating.

Superbes épreuves, rehaussées de couleurs, en très bel état de conservation. Marges.

MORLAND (D'après G.)

93 — A Tea Garden.

— Saint-James's Park.

Deux charmantes pièces en travers faisant pendants, gravées par Dav. Weiss.

Très belles épreuves imprimées en couleurs. Marges.

MORLAND (D'après G.)

94 — Children Bird-Nesting. In-fol. en largeur, à la manière noire, par W. Ward, 1789.

Très belle épreuve. Marges.

MORLAND (D'après G.)

95 — Dancing Dogs.

— Guinea Pigs.

Deux estampes in-fol. en hauteur, faisant pendants, gravées par J. D. [illegible].

Très belles épreuves imprimées en couleurs. Grandes marges.

MORLAND (D'après G.)

96 — Constancy, par Bartoloti.

Très belle épreuve imprimée en couleurs. Petites marges.

MORLAND (D'après G.)

97 — First Pledge of Love, médaillon in-4°, par W. Ward.

Très belle épreuve imprimée en couleurs. Sans marges.

MULLER (J.-G.)

98 — Vigée-le-Brun (Louise-Élisabeth), de l'Académie royale de peinture. In-fol., d'après elle-même.

Très belle épreuve.

NORTHCOTE (D'après James)

99 — Petite Fruitière anglaise.

— Petite Laitière anglaise.

Deux estampes ovales faisant pendants, gravées par Gaugain.

Très belles épreuves imprimées en bistre et habilement rehaussées de couleurs. Petites marges.

PAYE (D'après R.-M.)

100 — Boys playing at Marbles. In-fol. en largeur, gravé à la manière noire, par R. Pollard.

Très belle épreuve. Marges.

PAYE (D'après R.-M.)

101 — Children reading the inscription on their mother grave stone. In-fol. en largeur, gravé à la manière noire, par W. Ward.

Très belle épreuve. Marges.

PAYE (D'après R.-M.)

102 — Children spouting Comedy.

— Children spouting Tragedy.

Deux estampes in-folio en largeur, faisant pendants, gravées à la manière noire par C.-H. Hodges.

Très belles épreuves. Marges.

PETERS (D'après William)

103 — *Shakespeare.* (Merry wives of Windsor.) Acte II, scène Ire. In-fol., par Robert Thew.

Très belle épreuve. Grandes marges.

PETERS (D'après William)

104 — *Shakespeare.* Much ado about nothing, Acte III, scène 1re, In-fol., par Peter Simon.

Très belle épreuve. Grandes marges.

POLLARD (D'après James)

105 — North Country Mail at the Peacock, Islington, par T. Sutherland.

Superbe épreuve en couleurs. Grandes marges. Très rare de cette qualité.

POLLARD (James)

106 — Ascot Heath Race for his Majesty's Gold Plate, publié en 1826, par R. Pollard à Holloway, en couleurs.

Cette estampe représente Château-Margau à M. Wyndham, gagnant la Coupe d'or du Roi, à Ascot, en juin 1826.

Très belle épreuve. Rare. (Mouillures.)

REYNOLDS (D'après Sir Joshua)

107 — *Bunbury* (Lady Sarah), en vestale, gravé à la manière noire, par Fisher. In-fol.

Superbe et brillante épreuve avec marges. Rare de cette qualité.

REYNOLDS (D'après Sir Joshua)

108 — *Crewes* (The Miss), par Dixon. In-fol., à la manière noire.

Très belle épreuve avant la lettre. Grandes marges.

REYNOLDS (D'après Sir Joshua)

109 — *Halliday* (The Right Honble Lady Jane). Sister of the Earl of Dyfart.

Beau portrait en pied, de l'École anglaise, gravé à la manière noire, par V. Green.
Très belle épreuve. Rare.

REYNOLDS (D'après Sir Joshua)

110 — *Lee* (The Right Honble Lady Elisabeth), Daughter of Simon Earl Harcourt.

Beau portrait de l'Ecole anglaise, gravé à la manière noire, par J. Fisher.
Très belle épreuve. Petites marges.

REYNOLDS (D'après Sir Joshua)

111 — *Mathew* (Mrs). En pied, suivi de son chien. In-fol., à la manière noire, par W. Dickinson.

Très belle épreuve. Petites marges.

REYNOLDS (D'après Sir Joshua)

112 — *Spencer* (Lady Charles), par W. Dickinson.

Beau portrait in-fol. en hauteur, gravé à la manière noire.

Superbe et brillante épreuve. Petites marges.

RISING (D'après J.)

113 — Ballad Singers, par J. Johns, 1798. In-fol.

Très belle épreuve en couleurs. Grandes marges.

ROMNEY (D'après G.)

114 — Mrs Jordan, in the Character of the country Girl, par J. Ogborne, 1788.

Superbe et très rare épreuve avec la lettre blanche, tirée avant que le nom du graveur ait été remplacé par celui de Bartolozzi; elle est de la plus grande fraîcheur et avec grandes marges.

SAINT-AUBIN (D'après Aug. de)

115 — Le Bal paré.

— Le Concert.

Deux pièces faisant pendants, gravées par A.-J. Duclos (E. B. 402-403).

Très belles épreuves, avec de grandes marges.

SAINT-AUBIN (D'après Aug. de)

116 — L'Heureux ménage.

— L'Heureuse mère.

— La Sollicitude maternelle.

— La Tendresse maternelle.

Suite de quatre pièces gravées en couleurs, par Sergent, Gautier l'aîné, Phelypeaux et Moret.

Superbes épreuves avant toutes lettres. Marges. Collection très rare à trouver réunie.

SCHALL (D'après Fr.)

117 — Les Espiègles, par Descourtis. In-fol.

Superbe épreuve imprimée en couleurs, avec très grandes marges.

SCHALL (D'après Fr.)

118 — Le Premier Baiser de l'Amour, par Aug. Le Grand.

Très belle épreuve en couleurs. Grandes marges.

SERGENT (Ant. Fr.)

119 — The Day's folly.

— The Magnetism.

Deux pièces in-4°, en médaillon, faisant pendants.

Très belles épreuves imprimées en couleurs. La seconde est remmargée.

SMITH (J.-R.)

120 — What you will. (Ce qui vous plaira.)

Estampe des plus gracieuses et des plus recherchées de l'École anglaise du XVIIIe siècle, dessinée et gravée par le Maître Smith.

Superbe épreuve en couleurs, remargée au trait carré, et la légende écrite à la plume.

SMITH (J.-R.)

121 — The Promenade at Carlisle House, 1781.

Superbe épreuve, gravée à la manière noire, de cette estampe rare et recherchée. Les jeunes élégantes que l'on remarque dans cette charmante composition sont les portraits de Lucy Hasweld, Miss Moss, Henrietta Montagu, Charlotte Sommerville, Maria Tounly, Maria Weddon, etc.

La marge du bas est refaite.

SMITH (J.-R.)

122 — *Montagu* (M^{rs}), d'après sir Joshua Reynolds. In-fol., à la manière noire.

Superbe épreuve de la plus grande fraîcheur. Grandes marges.

SMITH (D'après J.-R.)

123 — A Visit to the great father, par W. Ward.

Superbe épreuve imprimée en couleurs. Sans marges. (La légende est collée au dos du cadre.)

TAUNAY (D'après N.)

124 — La Foire de village.

— La Noce de village.

— La Rixe.

— Le Tambourin.

Suite de quatre estampes, gravées par Descourtis.

Très belles épreuves imprimées en couleurs, sans marges, mais remontées à châssis sur de fausses marges avec la lettre gravée.

TISCHBEIN (D'après F.)

125 — Sa Majesté la Reine Régente. La Princesse Louis de Prusse. Deux portraits en pied sur la même feuille, par L. Schiavonetti. In-fol.

Très belle épreuve imprimée en bistre. Marges.

TURNER (Ch.)

126 — *Élisabeth*. Consort of Alexander Ier Empereur of all the Russia, d'aprés Monier. In-fol., à la manière noire.

Très belle épreuve. Marges.

TURNER (Ch.)

127 — *Melville* (Miss), d'après Th. Phillips, 1810.

Très belle épreuve, gravée à la manière noire. Grandes marges.

TURNER (Ch.)

128 — Lady and Dog, d'après sir Thomas Lawrence. In-fol., à la manière noire.

Très belle épreuve. Marges.

VERNET (D'après Carle)

129 — La Danse des chiens. In-fol. en largeur, gravé par Levachez fils.

Très belle épreuve imprimée en couleurs. Grandes marges.

WARD (W.)

130 — Louisa. In-4° ovale, 1786.

Très belle épreuve imprimée en couleurs. Marges.

WARD (W.)

131 — The Soldiers Return. In-fol., à la manière noire, d'après F. Wheatley, 1787.

Très belle épreuve. Grandes marges.

WESTALL (D'après R.)

132 — Rural contemplation.

— Rural music.

Deux pièces faisant pendants, gravées par T. Gaugain, 1801.

Très belles épreuves imprimées en couleurs. Grandes marges.

www.ingramcontent.com/pod-product-compliance
Lightning Source LLC
LaVergne TN
LVHW010009230826
846092LV00002B/724

* 9 7 8 2 3 2 9 4 9 8 2 6 3 *